A TEORIA DA CAUDA LONGA PARA OS NEGÓCIOS

INFORMAÇÃO CHAVE

- **Nome:** teoria da cauda longa.

- **Utilizações:** este conceito refere-se a todos os produtos oferecidos por uma empresa que vende apenas algumas unidades, mas em que a soma das suas vendas pode exceder as receitas obtidas com os produtos mais vendidos. Isto é o mesmo que dizer que os artigos mais populares e mais vendidos apenas contribuem para uma minoria do volume de negócios, o efeito de massa jogando fortemente a favor dos produtos mais marginalizados.

- **Porque é que é eficaz?** A inclusão de tal estratégia permite a uma empresa beneficiar de vendas constantes de toda a sua carteira de produtos.

- **Palavras-chave:**

  - Bestseller: um produto emblemático, frequentemente com um orçamento de publicidade elevado, que atinge receitas recorde.

  - Comércio eletrónico: comércio online (através da Internet).

A TEORIA DA CAUDA LONGA PARA OS NEGÓCIOS

Encontrar o seu nicho e proteger o seu negócio do futuro

A TEORIA DA CAUDA LONGA PARA OS NEGÓCIOS

Encontrar o seu nicho e proteger o seu negócio do futuro

escrito por Ariane de Saeger
traduzido por Alva Silva

50MINUTES.com

- Custo de oportunidade: indicação da perda causada pelo investimento de recursos numa função mais do que noutra.

- Lucro: ganho financeiro de uma ação. Por exemplo, uma venda é uma ação que pode gerar lucro ou perda.

- Rentável: algo que gera recompensa ou uma certa quantidade de lucro.

- Estatísticas: um conjunto de dados relativos a um grupo de indivíduos ou unidades que permite observar tendências.

- Volume de negócios: valor acumulado e registado – geralmente durante um período de um ano – das vendas de bens e serviços oferecidos por uma empresa.

INTRODUÇÃO

A teoria da cauda longa foi introduzida em 2004 por Chris Anderson (editor da revista *Wired*, nascido em 1961) e resultou de um ensaio escrito por Clay Shirky (um especialista em novas tecnologias de informação e comunicação, nascido em 1964) que afirma que alguns blogues têm um número significativo de ligações web apontando para eles, enquanto a maioria dos blogues tem apenas um número muito pequeno de ligações apontando para eles.

Chris Anderson baseia-se neste pensamento para tentar explicar os modelos económicos presentes e futuros (como parte da economia digital). Ele descreve como, na sua opinião, todos os produtos com baixa procura podem, coletivamente, gerar um volume de negócios significativo.

Contudo, é o surgimento e a utilização crescente das tecnologias digitais que tornam possível o modelo económico da cauda longa: os empresários que beneficiam de custos de armazenamento muito baixos, por vezes zero ou 'virtuais', quando comercializam produtos digitais (livros eletrónicos, filmes online, música, etc.), podem agora oferecer um amplo catálogo online, que diversifica a oferta e agrada aos que preferem bens marginais.

DEFINIÇÃO DO MODELO

A cauda longa é um conceito económico e estatístico que ilustra a distribuição do volume de negócios de uma empresa para todos os seus produtos, incluindo os produtos mais populares – os "bestsellers" – bem como os produtos mais específicos e marginais. Portanto, trata-se de um instrumento para o desenvolvimento de estratégias comerciais e de marketing.

O modelo é composto por dois elementos:

- a 'cabeça', caracterizada por um número limitado de produtos populares ou de alta procura, cada um gerando uma elevada taxa de vendas;

- a "cauda", caracterizada por um grande número de produtos de nicho ou de baixa procura, cada um gerando uma baixa taxa de vendas.

TEORIA

A teoria da cauda longa foi popularizada por Chris Anderson na sequência da sua análise de vários sites de comércio eletrónico como a Amazon (nomeadamente para livros), Rhapsody (descarregamentos de música online), eBay (produtos em segunda mão) e Netflix (transmissão de filmes). Este analista perspicaz observou, nos casos estudados, que as vendas dos artigos mais populares representavam apenas uma parte do volume de negócios total: ou seja, a rentabilidade das vendas não depende apenas dos artigos de topo. Para demonstrar este fenómeno, escreveu o seu best-seller *The Long Tail*.

Desde o início, o novo conceito desafiou muitas estratégias empresariais e modelos económicos, uma vez que o autor afirma que por vezes é mais lucrativo não vender apenas best-sellers; um argumento que é certamente apoiado por provas.

COMPONENTES

A longa cauda: a 'cabeça' e a 'cauda'.

Tanto estatístico como estratégico, este conceito é frequentemente representado como um gráfico que mostra os produtos vendidos no eixo horizontal (X) e o número de vendas no eixo vertical (Y).

A secção azul – a 'cabeça' – mostra que apenas alguns dos artigos geram um número recorde de vendas, enquanto a secção amarela – a 'cauda' – mostra que a maioria dos produtos são vendidos em quantidades muito pequenas.

A regra 80-20 e a longa cauda

A regra 80-20, também conhecida como o Princípio de Pareto, que afirma que 80% do volume de negócios é gerado pelas vendas de 20% dos produtos, é posta em dúvida pela teoria da cauda longa. De facto, Chris Anderson demonstra que a regra 80-20 só se aplica a nichos de mercado que não tenham sido totalmente explorados.

Atualmente, graças à NITC (nova tecnologia de informação e comunicação), podemos reduzir a escala de produção, diferenciar bens e utilizar novas tecnologias de informação para tirar partido de custos de armazenamento favoráveis. Além disso, graças aos motores de busca, a escolha do consumidor é facilitada e a gama de produtos em oferta permite ao consumidor encontrar o que procura. Todos estes produtos de baixa procura num mercado não digital tornam-se, à escala da Internet – e portanto, à escala global – produtos com uma série de clientes. Estes produtos podem então ser tão benéficos para o volume de negócios como os produtos populares e até inverter a regra 80-20.

Antes de refutar radicalmente uma teoria como a de Pareto, é preciso primeiro ser capaz de demonstrar que todas as regras intrínsecas da teoria já não se aplicam quando o contexto muda. Segundo Anderson, uma vez eliminadas todas as restrições da oferta e da procura e uma vez que o consumidor tem acesso a todos os produtos, a longa cauda é automaticamente traçada.

Contudo, a realidade disto parece muito mais complexa: não é verdade que o mercado ignore a atratividade da cauda longa, mas sim que o mercado alvo não permite os seus benefícios. É o caso de produtos para os quais a procura é muito baixa e cujos custos dificilmente podem ser otimizados (custos logísticos, comunicação, etc.). A regra 80-20 só pode ser negada para alguns mercados e produtos: os que são digitais. São principalmente os mercados de TI que beneficiam desta realidade.

 ## Em resumo

- Os produtos em causa na teoria da cauda longa são essencialmente os produtos que podem ser digitalizados, tais como livros, música, filmes, etc. Como foi dito anteriormente, é difícil para alguns bens – por exemplo, alimentos – desfrutar das vantagens inerentes aos produtos digitais.

- Portanto, presume-se que as empresas com um modelo de negócio como o da longa cauda defendem a diversificação e a digitalização dos seus produtos.

Custos de produção, armazenamento e distribuição estatística

O fenómeno da cauda longa pressupõe que os artigos digitalizados melhoram a rentabilidade através da redução de custos. Vários custos enfrentados pelos empresários são influenciados por esta tendência descendente. Estes custos são principalmente os relacionados com a produção, armazenamento e distribuição.

- **Produção.** O modelo de negócio de um negócio digital baseia-se na utilização intensiva de dados gerados pelos utilizadores. Com o utilizador considerado como produtor de dados, as empresas digitais conseguem atingir taxas de retorno muito elevadas. É o tratamento e utilização eficaz destes dados que está no cerne do futuro digital. Muitos peritos identificaram o consumidor como uma parte fundamental da cadeia de produção digital. Anteriormente, as empresas podiam produzir internamente ou externamente, externalizando parte do processo de produção. Agora está a surgir uma nova alternativa, que é o trabalho gratuito produzido pelo utilizador. Este trabalho é feito por colaboradores voluntários de criação de conteúdos. Uma terceira possibilidade é deixar os utilizadores ajudarem-se mutuamente sem a intervenção de empregados, através da disponibilização de uma plataforma (fórum). Desta forma, para além do processamento de dados, a economia digital tem uma 'co-produção' ou 'produção conjunta' com o utilizador, permitindo uma produção orientada e uma rentabilidade potencialmente elevada. Em conclusão, a economia digital toma os dados do utilizador, analisa-os, transforma-os em necessidades concretas e oferece um serviço ou produto que responde. Note-se que os dados pessoais dos utilizadores e a falta de quadro legislativo para estes dados podem potencialmente conduzir a abusos.

- **Stock central ou stock partilhado.** O armazenamento nunca é inexistente, mas pode ser significativamente reduzido como parte da economia digital. A Amazon, por exemplo, criou um 'stock cibernético': os produtos são armazenados em lojas parceiras enquanto são oferecidos e vendidos online. Com esta estratégia, este gigante conseguiu armazenar os seus produtos em milhões de lojas, sem qualquer custo. Outro exemplo interessante é o stock digital utilizado pelo iTunes para reduzir os custos de armazém, embalagem, pessoal, gestão, etc.

- **Distribuição diversificada.** Para tirar efetivamente partido da teoria da cauda longa, deve ser oferecida ao consumidor uma variedade de canais através dos quais pode obter um produto; alguns preferem comprar online, outros preferem ir a uma loja. Quanto mais variados forem os canais de distribuição, mais consumidores ficarão satisfeitos e maiores serão as vendas.

A digitalização beneficia tanto o vendedor como o consumidor:

- Os vendedores já não precisam de utilizar intermediários, como acontece frequentemente com a distribuição em grande escala. Por conseguinte, a sua margem de lucro é mais elevada.

- O indivíduo que consome produtos digitais de massa a vários níveis (filmes, música, conteúdo, software, etc.) aprecia plenamente os diferentes canais de distribuição e a diversidade de produtos virtuais e/ou particulares;

- A oferta e a procura satisfazem num contexto favorável.

Consequências culturais e económicas

Tendo em conta o vasto aumento da utilização da Internet, muitas pessoas estão mais especificamente interessadas no impacto na diversidade cultural e na indústria do entretenimento. Assim, de acordo com Chris Anderson:

- Se o custo de armazenamento, que em parte influencia o custo de oportunidade, for muito elevado, a gama de produtos de uma empresa, ou mais amplamente de um sector, é inevitavelmente limitada e constitui apenas uma parte da longa cauda, a "cabeça". Longe de satisfazerem as aspirações de todos os consumidores, estes produtos emblemáticos são necessários e deixam pouco espaço para a diversidade.

- Inversamente, quando os custos de armazenamento são baixos, a "cauda" da longa cauda pode ser explorada pelas corporações e satisfazer aqueles que apreciam os produtos populares, bem como as minorias e aqueles com gostos menos populares.

Vários exemplos permitem-nos visualizar esta questão económica e cultural:

- a indústria do livro

- programas de televisão

- a indústria musical

- etc.

Portanto, quando o custo de armazenamento é relativamente baixo, os canais de televisão, a indústria do livro, a indústria musical, etc., podem de facto oferecer uma escolha muito mais vasta aos consumidores e, como resultado, beneficiar de uma maior rentabilidade.

Alguns concluem que a Internet favorece o mercado de produtos culturais e que a era 'mainstream' (que significa 'aceite pelo maior número', ou 'não original') terminou, uma vez que as limitações físicas impostas pelos custos de armazenamento tendem a desaparecer devido à digitalização.

Estratégia de referência e a longa cauda

A teoria da cauda longa permite-nos ilustrar particularmente bem a referenciação e otimização de motores de busca (SEO), e é muitas vezes possível através da venda online de um catálogo de produtos, graças a estratégias otimizadas.

O QUE É A REFERENCIAÇÃO?

Referenciar significa escolher os termos a serem associados aos produtos. É discutida em dois contextos distintos:

- <u>Na distribuição em grande escala.</u> Os produtos são referenciados para facilitar a identificação e a gestão do inventário (aquisição, armazenamento e saídas). Estes números de referência podem normalmente ser encontrados em catálogos e em prateleiras para permitir a manutenção do inventário, geralmente através de um sistema informatizado. Além disso, a referenciação na grande distribuição também ajuda a fornecer um conteúdo mais coerente e facilita a conversão para vendas online quando este ainda não é o caso.

- <u>Na Internet (Search Engine Optimisation).</u> A Optimal SEO visa melhorar a visibilidade e o posicionamento de alguns websites. Este trabalho, que requer atenção constante, baseia-se no espectro de palavras-chave que os utilizadores podem potencialmente introduzir num motor de busca (Google, Yahoo, etc.) para encontrar o que procuram.

Ao aplicar o conceito de "cauda longa" às políticas de referência na web, isto implica reunir todas as palavras-chave que podem conduzir a informação ou temas particulares, na sua maioria termos óbvios e populares, e os seus sinónimos menos populares, menos competitivos e mais marginais. Individualmente, estas palavras-chave geram pouco tráfego, mas a sua soma contribui mais do que os termos mais eficazes.

Por conseguinte, é importante considerar estas observações ao desenvolver uma estratégia de otimização dos motores de busca. Dependendo dos produtos que pretende destacar, e, portanto, das palavras-chave que necessita de associar a eles, enfrentará diferentes desafios.

- **É fácil posicionar-se corretamente em buscas menos populares.** Por um lado, é geralmente rápido e fácil posicionar-se em pesquisas menos populares porque o utilizador que procura algo específico será corretamente direcionado para os websites que são suscetíveis de responder ao seu pedido. Isto alimenta eficazmente a 'cauda' da sua longa cauda.

- **É difícil posicionar-se corretamente em pesquisas competitivas.** Por outro lado, é difícil, demorado e caro posicionar-se corretamente em pesquisas competitivas porque tais pesquisas não são direcionadas e podem atrair todo o tipo de visitantes incertos, impedindo-o de oferecer um produto adequado e posicionar-se corretamente (através de um serviço personalizado de qualidade). Então há uma boa probabilidade de que aqueles que procuram algo em particular abandonem rapidamente o seu site, uma vez que não conseguem encontrar o que procuram. No entanto, esta estratégia ajudá-lo-á a posicionar melhor os seus bestsellers, a "cabeça" da longa cauda.

APLICAÇÃO PRÁTICA

CONSELHOS E DICAS DE TOPO

Regra nº 1 – Um catálogo alargado de produtos digitais

A fim de satisfazer as necessidades mais marginaliza-
das e atingir o maior número possível de consumidores,
o ideal é que possa oferecer um catálogo diversificado de
produtos digitais.

Regra nº 2 – Produção, armazenamento e distribuição digital

- **A produção conjunta** implica deixar que alguns dos
  trabalhos sejam feitos pelos clientes. A utilização
  eficiente dos dados fornecidos pelos utilizadores
  está no centro das questões com a economia digital.

- O produto digital não deve ser fabricado em tantas
  cópias como quando é **distribuído** fisicamente, o
  que deve ser considerado uma vantagem pelo empresário.

- **O armazenamento** digital reduz a maior parte dos
  custos enfrentados pelo empresário em situações de
  distribuição física.

Regra nº 3 – Produtos visíveis e acessíveis

Atualmente, a utilização da Internet está a generalizar-
-se tanto em contextos privados como profissionais e

os utilizadores estão cada vez mais habituados a utilizar motores de busca, o que significa que selecionam metodicamente as suas palavras-chave para encontrar a informação que procuram.

- **A importância das palavras-chave.** É importante escolher palavras-chave com cuidado e ponderação: tanto as que irão alimentar a ‹cabeça› da longa cauda como as palavras-chave secundárias que irão alimentar a sua ‹cauda›. O processo é longo, mas eficaz e lucrativo.

- **A importância do conteúdo.** Não é apenas o número de palavras-chave secundárias que terá impacto no tráfego do seu website, mas também, e provavelmente mais importante, no seu conteúdo. De facto, palavras-chave específicas sem qualquer informação concreta apenas irão gerar tráfego limitado para as páginas do seu website.

- **Tendo em conta os custos ocultos.** Deve manter-se cauteloso, uma vez que a era digital tem por vezes custos ocultos. Segundo um estudo europeu realizado pela Sungard (fornecedor global de soluções informáticas em França) de 150 profissionais, os custos de manutenção, licenças, software e custos imprevistos de uma empresa totalizam em média 597 700 euros por ano.

Assim, estabelecer cuidadosamente um espectro de pesquisas lexicais e apresentar conteúdos textuais de qualidade tornou-se imperativo para qualquer pessoa que deseje atrair clientes.

⦿ ACONSELHAMENTO E RECOMENDAÇÕES

Para desenvolver uma estratégia lucrativa de cauda longa, deve posicionar-se com sucesso entre um grande número de pequenas buscas direcionadas. Ao fazer isto, o tráfego para o seu site irá aumentar. Tenha em mente as seguintes dicas:

- pensar e recolher termos de pesquisa concretos para tentar responder a todas as exigências futuras dos utilizadores;

- uma vez identificados os termos, introduza-os no conteúdo do texto do seu futuro website;

- o seu conteúdo de texto deve ser de alta qualidade: não vale a pena acrescentar conteúdo ao seu website simplesmente para acrescentar conteúdo; deve fornecer informações valiosas aos utilizadores, ou estes abandonarão imediatamente a sua página ou website;

- escolha um título que chame a atenção do leitor e o motive a visitar o seu site;

- estabeleça uma hierarquia para os seus títulos e parágrafos;

- coloque um número suficiente de palavras-chave no seu texto;

- selecionar cuidadosamente os links para outros sites e favorecer links de qualidade, a fim de preservar a imagem do seu site;

- tornar-se um "especialista" (dependendo do número de visitantes do seu site) em escrever conteúdo com o Google.

INFORMAÇÃO ADICIONAL

- As palavras-chave genéricas (significados gerais que englobam uma série de palavras mais específicas) são competitivas e são constituídas por cerca de duas palavras. Por exemplo, uma pessoa que procura um website para sinónimos entrará "sinónimo + [a palavra que procura]". Esta pesquisa mostrará apenas os websites mais utilizados.

- Em contraste, as palavras-chave secundárias são menos populares, mas mais específicas. Pode ser, por exemplo, uma expressão (três a cinco palavras ou mais) que reflita uma pesquisa mais orientada pelo utilizador, procurando um conteúdo específico.

ESTUDO DE CASO – LIVRARIA ONLINE

Contexto

Uma livraria 'Y' decide que, dada a concorrência no mercado do livro e os custos que enfrenta em termos de armazenamento e produção, seria mais benéfico criar um website de venda de livros digitais online. Conscientes da concorrência já presente na web, farão questão de tornar o website visível através da implementação de uma estratégia otimizada de SEO. Isto implica a definição das palavras-chave que pretendem associar ao website. Por outras palavras, definirão as palavras-chave que o utilizador é suscetível de introduzir num motor de busca e conduzirão – tão diretamente quanto possível – ao website do livro Y.

Ter uma gama de produtos diversificada

Para fazer face à concorrência crescente da venda de livros online (Amazon, Fnac, Numilog, etc.), a livraria não tem outra escolha senão diversificar ou visar um público específico. Assim, o vendedor decide oferecer banda desenhada digital, tanto best-sellers como bandas desenhadas mais específicas, na sua loja online.

Minimização dos custos fixos

Ao oferecer banda desenhada online, Y irá poupar nos custos fixos (armazenamento, produção e distribuição – conceitos explorados na secção 'Teoria'). No entanto, devem ter em conta os custos ocultos envolvidos nas vendas online:

- custos de conversão ou digitalização de ficheiros
- custos de armazenamento digital
- custos de segurança das instalações
- taxas legais relacionadas com a adaptação dos contratos de edição.

Outros custos aparecerão mais tarde, tais como manutenção do website, actualizações, etc.

Visibilidade

O livreiro deve escolher cuidadosamente as suas palavras-chave, tendo em conta que quanto mais gerais forem (tais como 'livros' ou 'venda', ou palavras-chave que as pessoas querem ver como 'bestseller'), mais provável é que se percam no fluxo de informação. Estas palavras-chave genéricas representam apenas cerca de 20% do tráfego total gerado pelos motores de busca. Contudo, se forem selecionadas de uma forma um pouco mais focalizada (de acordo com a atividade do vendedor), representarão diretamente mais de 20%. Para distinguir a livraria das grandes empresas que vendem livros online, terão de selecionar palavras-chave específicas para o conteúdo do website e colocar-se na posição de utilizadores da Internet que procuram informações específicas.

Para além da escolha de palavras-chave, a livraria terá também de otimizar o conteúdo do texto do website para o tornar atraente, interessante, relevante e detalhado. Ao fazê-lo, irá alimentar a "cauda" da longa cauda (do sector). Por exemplo, escolherão uma página inicial que contenha conteúdo de texto específico, a fim de corresponder a utilizadores específicos dos motores de busca. Note-se que algumas partes deste conteúdo não serão inicialmente consideradas pelas pessoas que utilizam as palavras-chave, e que isto apenas irá gerar tráfego 'estéril'. Por outro lado, há uma boa probabilidade de aparecerem algumas palavras que não foram pensadas como palavras-chave pelo livreiro.

O livreiro terá de passar por várias etapas antes de oferecer um produto digital.

1. Estruturar a informação de uma forma visível e consistente para atrair a atenção do visitante.

2. Selecionar as palavras-chave em torno das quais se posicionar (sinónimos, expressões, etc.). Podem até optar por realizar um estudo prospetivo através de formação em motores de busca para encontrar a concorrência no mercado de banda desenhada.

3. Criar conteúdo de texto de qualidade onde aparecerão palavras-chave e frases selecionadas.

Entretanto, o produto oferecido aos visitantes deve ser suficientemente diversificado para poder chegar a um público diversificado.

IMPACTO

LIMITAÇÕES E CRÍTICAS

Enquanto a análise de Chris Anderson sobre o sector cultural era saudada e promovida por aqueles que, como ele, sentiam um resultado vantajoso e atrativo para o sector, a verdade dos factos e as várias análises contraditariam ou pelo menos contextualizariam a sua validade e consequências para a estrutura do mercado.

Mesmo com a Internet, a cauda longa não gera mais vendas do que antes

Will Page, o diretor da Spotify, analisou as vendas de música online. Ele observou que dos 13 milhões de títulos disponíveis, 10 milhões não geram quaisquer vendas; 8% das vendas vieram de 40 títulos e 3% do total dos títulos vendidos geraram 80% do volume de negócios. De acordo com ele e à luz da sua análise, a economia mais vendida ainda não terminou.

As receitas dos bestsellers permanecem bem acima das da "cauda" da cauda longa

Pierre-Jean Benghozi e Françoise Benhamou, economistas franceses, também abordaram esta questão. Analisaram as vendas de CDs e DVDs online. Deste estudo, parece emergir um longo efeito de cauda, mas é tão lento que dificilmente parece capaz de abalar a estrutura de mercado conhecida por todos. De facto, menos de 10% dos produtos musicais representam mais de 90% das vendas e os dez títulos mais comercializados são capazes de aumentar a sua quota nas receitas totais.

Contudo, a principal crítica vem de Anita Elberse (Professora de Economia em Harvard, nascida em 1973) que, após dez anos de investigação e análise dos mercados culturais e de entretenimento, conseguiu mostrar o contrário. Segundo ela, a Internet não revolucionou a relação entre os indivíduos e a diversidade cultural; pelo contrário, ela afirma que os bestsellers ditam o mercado mais do que nunca. É, portanto, a "cabeça", e não a "cauda", que é a mais poderosa da era da Internet. No seu livro *Blockbuster* (2013), a Dra. Elberse ilustra as suas declarações utilizando a indústria cinematográfica, explicando ainda que se os investimentos financeiros em best-sellers são tão grandes (e, portanto, arriscados), é apenas para proteger contra os riscos inerentes a um mercado tão incerto. Isto parece algo difícil de acreditar.

 ## A INDÚSTRIA CINEMATOGRÁFICA

Um filme custa 10 milhões de dólares para produzir, enquanto outro custa 100 milhões de dólares. O preço que o consumidor pagará será exatamente o mesmo, independentemente dos custos de produção da longa-metragem: não será mais ou menos caro ver o filme no cinema do que comprar o DVD.

Assim, logicamente, o filme com os custos de produção mais baratos (10 milhões de dólares), deverá ter o maior retorno: além disso, o estúdio de produção pode dar-se ao luxo de produzir 10 filmes em vez de um com um orçamento de 100 milhões de dólares. Como é imaginável que esta situação possa virar-se a favor dos blockbusters?

Anita Elberse reforça esta ideia desenvolvendo o caso da Warner Bros., que praticamente só produz blockbusters (*Harry Potter*, *Sherlock Holmes*, etc.) e para quem "não assumir riscos" é um risco. Baseando a sua estratégia em grandes produções, este tornou-se o primeiro estúdio de cinema a ultrapassar mil milhões de dólares americanos nas bilheteiras dos EUA durante 11 anos consecutivos.

Para apresentar a estratégia oposta, o perito centra-se no caso da rede NBC Universal, dirigida na altura por Jeff Zucker (nascido em 1965) e Ben Silverman (nascido em 1970). Querendo maximizar os lucros através de uma estratégia de redução de custos e riscos, o fracasso da sua empresa foi rapidamente experimentado. Afastando-se das grandes produções com atores ou produtores de cinema mundiais a preços colossais enquanto tentavam assegurar a cadeia de receitas, a NBC começou a cair à margem. Esta falta de ambição e financiamento, bem como a sua falta de assunção de riscos, levou ao desinteresse dos profissionais da indústria e ao declínio do seu ranking, da primeira para a quarta posição.

A autora estende então o seu pensamento a outros campos e tenta demonstrar que o fenómeno se repete. Segundo ela, não há dúvida: são os mais vendidos que geram lucro e fornecem a maior parte da rentabilidade financeira das vendas. Hoje, mesmo as empresas que seguem a teoria da cauda longa começam a render-se à lógica incomparável dos blockbusters; é o caso da Netflix ou da Amazon. Dados os impressionantes números de vendas dos seus concorrentes que adotaram esta estratégia, muitos estão a reorientar a sua análise.

MODELOS E EXTENSÕES RELACIONADAS

Esta secção contém três modelos relacionados com a teoria da cauda longa. Depois de os mencionar várias vezes em referência à teoria da cauda longa, o princípio de Pareto é mais desenvolvido, bem como o modelo ABC, que é uma resposta possível à mesma.

Escusado será dizer que todos os modelos de distribuição não podem ser reduzidos a estes três modelos e outros modelos existem de facto.

O princípio de Pareto

O modelo relacionado mais conhecido é o princípio de Pareto, também chamado a regra 80-20. Tal como a teoria da cauda longa, o princípio de Pareto é utilizado como uma ferramenta de desenvolvimento para estratégias de vendas e marketing, mas também como uma ferramenta estatística. Neste contexto, vamos concentrar-nos na primeira utilização.

Assim, de acordo com o princípio de Pareto, "80% dos efeitos são o produto de 20% das causas", o que pode ser traduzido para a linguagem comercial como "20% dos produtos geram 80% das vendas" ou "20% dos clientes geram 80% das vendas". Apesar do seu carácter universal, este princípio não foi cientificamente comprovado em todas as áreas. Alguns acreditam, por exemplo, que apenas 20% dos clientes geram 80% do volume de negócios. Para além desta preocupação de precisão, a regra 80-20 deve ser adaptada ao sector e ao departamento da empresa a que é aplicada.

Além disso, este princípio suscita preocupações sobre a eficiência. Se 80% dos produtos – os menos vendidos – gerarem alguma receita, presumivelmente 20%, esta poderá ser aumentada se o custo de oportunidade for muito reduzido. Isto é o que Chris Anderson expõe na teoria da cauda longa.

O modelo ABC

O modelo ABC fornece uma perspetiva adicional. Presume que o princípio de Pareto ignora as camadas intermédias, sendo por isso difícil de julgar a sua importância.

O modelo ABC classifica os efeitos em três categorias. Desta forma, mesmo as camadas menos rentáveis são consideradas.

- Categoria A: 20% dos clientes geram 80% das vendas.

- Categoria B: 30% dos clientes geram 15% das vendas.

- Categoria C: 50% dos clientes geram 5% das vendas.

Estratégia Blockbuster

Este é o caso apresentado por Anita Elberse, segundo a qual os blockbusters são a causa da maior parte do volume de negócios no mercado cultural e de entretenimento.

CONCLUSÃO

O modelo de Chris Anderson é apresentado como um complemento ao princípio de Pareto e ao modelo ABC. Quando aplicado a um mercado específico, a cauda longa desenvolve de facto uma teoria paralela a estes dois modelos, sem os desacreditar.

Em contrapartida, a teoria de Anita Elberse critica a teoria da cauda longa e questiona a sua relevância.

RESUMO

- A teoria da cauda longa é um modelo estatístico e económico criado e introduzido em 2004 por Chris Anderson no contexto do sector digital.

- Este modelo é possível graças à evolução tecnológica e tornado viável no contexto das vendas de bens ou serviços digitais, uma vez que os custos de produção, armazenamento e distribuição são baixos ou inexistentes.

- Em complemento ao princípio de Pareto, a teoria da cauda longa pressupõe que, neste sector particular, os produtos mais populares não são necessariamente os que geram maior volume de negócios.

- Segundo Chris Anderson, a exploração da "cauda" da cauda longa oferece a possibilidade de rentabilidade a longo prazo.

- A Dra. Anita Elberse denuncia o modelo de Chris Anderson. Após 10 anos de investigação, afirma que mesmo na era da Internet, os blockbusters ditam o mercado cultural e de entretenimento.

- Para além da teoria da cauda longa, existem outros modelos que representam outros sistemas de distribuição: nomeadamente o princípio de Pareto e o modelo ABC.

- O modelo de cauda longa pode ser aplicado como parte de uma estratégia de SEO na Internet. Conselhos:

posicionar-se em mercados menos competitivos e mais específicos permite beneficiar dos efeitos positivos de SEO de cauda longa.

LEITURA ADICIONAL

BIBLIOGRAFIA

Anderson, C. (2012) *The Long Tail: Why the Future of Business Is Selling Less of More*. Paris: Flammarion.

Andrieu, O. (2008) Pourquoi la notion de «Longue Traîne» est-elle nécessaire dans une stratégie de référencement? *Abondance*. [Online]. [Acedido a 21 de abril de 2015]. Disponível a partir de: <http://docs.abondance.com/question123.html>

Avenier, M. (2014) La longue traîne une stratégie de référencement. *Le guide*. [Online]. [Acedido a 21 de abril de 2015]. Disponível a partir de: <http://www.abime-concept.com/blog/2014/03/27/la-longue-traine-une-strategie-du-referencement/>

Benghozi, J-P. e Benhamou, F. (2008) Longue traîne: levier numérique de la diversité culturelle. *Culture prospective*. [Online]. [Acedido a 21 de abril de 2015]. Disponível a partir de: <http://www2.culture.gouv.fr/deps/fr/traine.pdf>

Bloquet-Prevost, C. e Manneval, M. (2014) Exploitation des données fournies par les utilisateurs: l'enjeu de l'économie numérique. *Revue Sorbonne*. [Online]. [Acedido a 21 de abril de 2015]. Disponível a partir de: <http://www.univ-paris1.fr/fileadmin/diplome_M2OFIS/OFIS_2013-2014/Articles/article_Revue_OFIS_mars_2014_Bloquet-Prevost_Manneval.pdf>

Cassini, S. (2015) Les coûts cachés du cloud. *Les Échos*. [Online]. [Acedido a 21 de abril de 2015]. Available from: <http://www.lesechos.fr/journal20150331/lec2_high_

tech_et_medias/0204266382278-les-couts-caches-du-cloud-1106920.ph>

Delers, A. (2014) *Pareto's Principle.* Bruxelas: Lemaitre Publishing.

InfoWebMasterRéférencement. (2008) *Longue traîne.* [Online]. [Acedido a 21 de abril de 2015]. Disponível a partir de: <http://www.infowebmaster.fr/40,news-reference-ment-longue-traine.html>

Jimdo. (2013) *5 conseils pour rédiger des textes optimisés pour Google.* [Online]. [Acedido a 21 de abril de 2015]. Disponível a partir de: <http://fr.jimdo.com/2013/12/27/5-conseils-pour-r%C3%A9diger-des-textes-optimis%C3%A9s-pour-google/>

Lacomblet, D. (2014) Internet. La longue traîne n'a-t-elle pas toujours été qu'une utopie? *Leitor de ardósia.* [Online]. [Acedido a 21 de abril de 2015]. Disponível a partir de: <http://www.slate.fr/tribune/84585/longue-traine-blo-ckbusters>

Le Cam, N. (2013) La longue traîne, l'atout de votre SEO. *LunaWeb.* [Online]. [Acedido a 21 de abril de 2015]. Disponível a partir de: <http://blog.lunaweb.fr/seo-lon-gue-traine/>

Mataf.net. (Sem data) *Définition coût d'opportunité.* [Online]. [Acedido a 21 de abril de 2015]. Disponível a partir de: <https://www.mataf.net/fr/edu/glossaire/cout-d-oppor-tunite>

Wifeo. (Sem data) *Qu'est-ce que la longue traîne (ou cauda longa).* [Online]. [Acedido a 21 de abril de 2015]. Disponível a partir de: <http://www.wifeo.com/documentation-77.html>

FONTES ADICIONAIS

Afuah, A. (2014) *Business Model Innovation: Conceito, análise e casos.* Nova Iorque: Routledge.

Elberse, A. (2013) *Blockbusters.* Nova Iorque: Henry Holt books.

O blogue de Chris Andersen. http://www.longtail.com/

Queremos ouvir de si!
Deixe um comentário sobre a sua biblioteca online
e partilhe os seus livros favoritos nas redes sociais

A editora assegura a fiabilidade da informação publicada, a qual, no entanto, não poderia assumir a sua responsabilidade.

Mestre ISBN: 9782808065733
Papel ISBN: 9782808066020
Depósito legal: D/2022/12603/131

Desenho digital: Primento,
o parceiro digital dos editores.